A GRAÇA
SALVADORA

UM ESTUDO DE 4 SEMANAS

DAN BOONE

978-1-56344-984-0

Copyright © 2023
The Foundry Publishing®
Lenexa (Kansas) USA

Publicado originalmente como
Saving Grace
Dan Boone

Esta edição foi publicada pelo acordo entre
a The Foundry Publishing e
as Publicações Nazarenas Globais.

Todos os direitos reservados. Nenhuma parte desta publicação pode ser reproduzida, armazenada num sistema de recuperação ou transmitida de qualquer forma ou por qualquer meio - por exemplo, eletrónico, fotocópia, gravação - sem a permissão prévia por escrito do editor. A única excepção são breves citações em revisões impressas.

Design da capa: Rob Monacelli

Design do interior do livro: Sharon Page

Tradução para o português europeu (pré-AO90) por Priscila Guevara, Paulo de Melo Duarte e Susana Reis Gomes.

Todas as citações das Escrituras, salvo indicação em contrário, são retiradas da versão João Ferreira de Almeida Revista e Corrigida (ARC).

Todos os endereços de internet, endereços de e-mail e números de telefone neste livro são precisos no momento da publicação e são fornecidos como recurso. The Foundry Publishing não os endossa ou atesta o seu conteúdo ou permanência.

ÍNDICE

SEMANA 1
A Perseguição Humana
4

SEMANA 2
A Palavra Tabu
20

SEMANA 3
O Poder do Perdão
34

SEMANA 4
Expiação
50

> **SEMANA 1**

A PERSEGUIÇÃO HUMANA

SEMANA 1: A PERSEGUIÇÃO HUMANA

Gosto de filmes teológicos. Um filme teológico não é necessariamente um filme abertamente cristão ou religioso, mas simplesmente um que tem por base a narrativa bíblica. A minha esposa diz que não posso ver um filme sem lhe fazer uma autópsia teológica. Tendo passado grande parte da minha vida a estudar e a pregar a história de Cristo, tenho a tendência de interpretar qualquer coisa que vejo através das lentes dessa grande narrativa de vida. Vejo as personagens do filme como seres humanos que estão em busca de algo - e esse algo, mesmo sem que percebam, é a sua própria humanidade. Eles estão a tentar descobrir como viver na sua própria pele como criaturas totalmente humanas - as pessoas que deveriam ser.

No fundo de todos nós, há um sentido de destino, chamada, propósito e significado. Reclamamos sobre tentar encontrar o propósito da vida. Chamo a isto de "a perseguição humana". Um dos melhores filmes sobre a perseguição humana é o *Groundhog Day* [O Feitiço do Tempo]. Bill Murray é um repórter designado para a Punxsutawney, uma pequena cidade na Pensilvânia (E.U.A.), para cobrir o surgimento da marmota nacionalmente famosa, Punxsutawney Phil. Enquanto lá está, a sua personagem fica presa num ciclo e é forçada a reviver o mesmo dia várias vezes. Todas as manhãs, quando acorda, é novamente o Dia da Marmota.

Ali está ele, essa criatura frágil presa no tempo e a sentir a futilidade de tentar, de todas as formas que sabe, entrar num amanhã significativo, mas nada muda as suas

Também poderíamos ver o *O Feitiço do Tempo* como uma parábola moderna de Eclesiastes.

circunstâncias. Ele tenta uma variedade de abordagens ao longo do filme: usar as pessoas, evitá-las, manipulá-las, feri-las, ferir a si mesmo e muito mais. Eventualmente, decide tentar uma nova tática e acorda para a alegria de servir, a beleza de dar, o amor pela música e pela arte e a capacidade de amar. Só então consegue acordar para o amanhã.

O Feitiço do Tempo e a sua moral conclusiva lembram-me do Deus que está no limiar do amanhã, à espera enquanto perseguimos o nosso significado até corrermos de cabeça para a graça que estava lá à espera durante todo o tempo. Também poderíamos ver o *O Feitiço do Tempo* como uma parábola moderna de Eclesiastes. Na sua tradução do livro de Eclesiastes, Eugene Peterson explicou a sua escolha para a palavra "Eclesiastes" em si, que é tradicionalmente traduzida para algo como "pregador" ou "professor": "Por causa da postura experiencial da escrita em [Eclesiastes], dando voz ao que é tão básico entre os homens e as mulheres ao longo da história, traduzi [a palavra 'Eclesiastes'] como 'aquele que está em busca'".[1] Ele também escreve na introdução de Eclesiastes sobre o fútil impulso humano de procurar e de fazer o seu próprio significado da vida:

> "Eclesiastes é uma testemunha famosa - talvez a mais famosa do mundo dessa experiência de futilidade.

---

1. Eugene Peterson, "Introduction: Ecclesiastes," *The Message: The Bible in Contemporary Language* (Colorado Springs, CO: Navpress, 2002), 1163.

O juízo cruel prende a nossa atenção. A honestidade inflexível incita a observação. E eles realmente percebem - ah, como percebem! Religiosos e não religiosos, igualmente, percebem. Crentes e não crentes percebem. Muitos ficam surpresos de encontrar esse tipo de texto na Bíblia.

No entanto, é o mais enfático e necessário da Bíblia no que diz respeito a cessar nossas fúteis tentativas de fazer algo da nossa vida, de modo que possamos prestar toda a atenção em Deus e, assim, descobrir quem Ele é e o que empreende para fazer algo de nós. Eclesiastes, na verdade, não diz muito acerca de Deus. O autor deixa o tópico para os outros 65 livros da Bíblia. A sua tarefa é expor a total incapacidade humana de encontrar o sentido e a completude da vida por nós mesmos.

É nossa propensão desistir de nós mesmos, tentando ser humanos por meio de projetos e desejos próprios, o que faz de Eclesiastes uma leitura indispensável. Eclesiastes faz uma limpeza geral na nossa alma, removendo a espiritualidade "habitual" - aí, sim, estamos prontos para a visitação de Deus, revelada em Jesus Cristo. Eclesiastes é um livro que lembra João Baptista. Funciona não como uma refeição, mas como um banho. Não é alimento; é limpeza. É arrependimento. É expiação. Lemos Eclesiastes para nos lavar e ficar limpos da ilusão, das opiniões, das ideias idólatras e dos sentimentos que causam revolta. Consiste na exposição e rejeição da expectativa

SEMANA 1: A PERSEGUIÇÃO HUMANA

arrogante e equivocada de que podemos viver nossa vida por nós mesmos, de acordo com as nossas regras."[2]

A tradução de Eugene Peterson de Eclesiastes começa assim:

> "Estas são as palavras daquele que está em busca, filho de Davi e rei em Jerusalém. Vazio, tudo é um grande vazio! Nada vale a pena! Nada faz sentido! O que resta de uma vida inteira de trabalho sofrido? Uma geração passa e outra geração chega, mas nada muda - é sempre a mesma coisa.
>
> O que foi será novamente, o que aconteceu acontecerá de novo. Não há nada de novo neste mundo.
>
> Eu sou "aquele que está em busca". Fui rei de Israel em Jerusalém. Já investiguei tudo com cuidado, explorei tudo que é feito nesta terra. E, deixe-me dizer, não há nada de especial. Deus não facilitou nada para nós. Já vi tudo, e tudo é um vazio só - como nadar contra a maré."
>
> (1:1–4, 9, 12–14)

Que tal esta boa notícia? O cinismo e a futilidade da busca humana por significado são os maiores temas do livro de Eclesiastes. A palavra favorita do escritor é a palavra hebraica hebel, que é traduzida como "vazio, vento, vapor", "vaidade" ou "nada faz sentido". *Hebel* é a ideia de que se alcança algo de substância apenas para descobrir que, quando o alcança e fecha os dedos para o agarrar, já desapareceu no ar. Perseguir o sentido da vida por

---

2. Peterson, 1162–1163.

conta própria é como tentar agarrar a névoa nas nossas mãos. Está aqui hoje, e amanhã já foi embora. Tal como o filme *O Feitiço do Tempo*, o autor em Eclesiastes diz que continuamos a repetir a mesma perseguição dia após dia e acordando sem nada substancial.

Parte de mim quer discutir com o autor quando ele escreve "nada de novo neste mundo" (versículo 9). Ele simplesmente não entende o progresso da humanidade! Temos café fresco quando acordamos; temos carros autónomos; temos luzes que se acendem quando entramos numa sala; temos bibliotecas inteiras numa pen USB. Há algo novo todos os dias! Nunca houve um momento no planeta em que os seres humanos estiveram mais cercados por coisas novas. No entanto, ainda acordamos todas as manhãs a acreditar que há algo mais que devemos buscar, agarrar e consumir, e que isso trará satisfação. O nosso amigo em Eclesiastes, aquele que está em busca, diz-nos que buscou o dinheiro, o poder, o trabalho, o prazer, o conhecimento e a juventude; agarrou-os, possuiu-os, consumiu-os - e acordou na manhã seguinte sem nada para agarrar. O ser humano não deve ser nada mais do que um caçador inquieto?

Génesis 2:7 diz: "E formou o SENHOR Deus o homem do pó da terra e soprou [*ruach*] em seus narizes o fôlego da vida [*ruach*]; e o homem foi feito alma vivente [*nephesh*]." Começamos como pedaços de barro, o pó da terra. Deus, na linguagem de Génesis, inclina-se sobre os nossos corpos inanimados e sopra o sopro divino nas

Em toda a nossa história,
o vento ou a respiração
divina é a actividade
energizante de Deus.

nossas narinas. A palavra hebraica para "respiração" é a mesma que a palavra para "espírito" ou "vento". Em toda a nossa história, o vento ou a respiração divina é a actividade energizante de Deus. É o que acontece com os profetas. É o que cai sobre o Jesus baptizado. É o que preenche o cenáculo em Actos. É vento e sopro divinos - ou Espírito Santo. A vida humana existe como dom do sopro de Deus.

Estive em salas de parto e em morgues. Quando uma criança emerge do útero de uma mãe, o primeiro instinto é ofegar por ar. No instante em que o bebé respira pela primeira vez, a cor da pele muda, os pulmões expandem-se e o corpo grita. O primeiro gole de ar está sempre dentro - como se esperasse que Deus soprasse vida nas narinas. Nos quartos moribundos, quando os santos dão o seu último suspiro, o último suspiro é sempre para fora. Ninguém inspira e depois morre. Exalamos quando expiramos. O fôlego regressa ao Deus que o deu. Somos sustentados não por algo que buscamos e agarramos, mas pelo dom de Deus.

O texto de Génesis diz que nós, humanidade, nos tornámos "seres vivos" (*nephesh* no hebraico) quando Deus soprou vida em nós. *Nephesh* é uma palavra interessante que basicamente significa "garganta". A garganta é uma passagem de dentro para fora. E está localizada na parte mais vulnerável do corpo - o pescoço. Através deste portal passa tudo o que é necessário para nos manter vivos: água, ar, comida. Em certo sentido, o ser humano é uma fome ambulante, uma sede falante, uma necessidade dolorosa. Não somos criaturas auto-sustentáveis, mas necessitadas. Ser humano é ser vulnerável, necessitado, dependente, desejoso, faminto, frágil. E, tal como o nosso amigo no filme *O Feitiço do Tempo*, buscamos por qualquer coisa que preencha o nosso interior - dinheiro, posição, fama, poder, sexo, aclamação, imagem corporal, atenção, qualquer coisa. Somos seres com desejos.

Por vezes, os cristãos esqueceram-se da essência da sua necessidade humana e pregaram um Evangelho que diz que os nossos desejos estão errados e que devem ser suprimidos ou negados. Mas não o podemos fazer porque o desejo é a própria essência da nossa humanidade. O nosso problema não é desejarmos, mas sim, aquilo que desejamos. Os nossos desejos, quando vivemos separados de Deus, são distorcidos, virados para dentro e focados em missões de auto-salvação.

Vamos falar sobre outro filme antigo de Bill Murray, *O que se passa com o Bob?* Desta vez Murray interpreta Bob, um humano frágil que tem todas as fobias, doenças mentais e problemas possíveis. Ele é uma confusão ambulante. Ele levou um conselheiro de profissão à exaustão e por isso, é indicado ao Dr. Leo Marvin, um terapeuta auto-confiante que escreveu um livro, *Steps*, que é suposto para resolver todos os problemas humanos. Os seus clientes precisam simplesmente de dar pequenos passos para fora dos seus problemas, em direcção à plenitude. Bob agarra-se ao Dr. Marvin como a sua nova esperança. Quando descobre que o Dr. Marvin foi de férias em família, conspira para descobrir onde está. A chegada de Bob ao local de férias coincide com a saída do Dr. Marvin de uma loja na Main Street. Bob é repreendido por interromper inapropriadamente a família e é-lhe dito para voltar para casa. Ele cai de joelhos e torna-se a melhor demonstração de um ser humano que já vi. Ele simplesmente diz: "Eu preciso. Eu preciso. Eu preciso". Isto é o que significa ser humano.

Quando perguntaram a João Wesley qual era a criatura mais perfeita de todas, ele supostamente respondeu: "Um vazio, capaz de ser preenchido com Deus, por Deus". Somos feitos com a capacidade de receber a vida como dom de Deus, não apenas na forma de respiração física, mas também na forma de graça salvadora. "Como o cervo brama pelas correntes das águas, assim suspira a minha alma por ti, ó Deus! A minha alma tem sede de Deus, do Deus vivo" (Salmo 42:1–2a). Um hino diz assim: "Filhos frágeis de pó e fracos como débeis, em vós não confiamos nem em vós falhamos. Tuas misericórdias quão ternas, quão firmes até ao fim! Nosso Criador, Defensor, Redentor e Amigo". [3]

---

[3]. Johann Michael Haydn (music, 18th c.), William Gardiner (music arr., 1815), and Robert Grant (words, 1833), "O Worship the King," *Sing to the Lord: Hymnal* (Kansas City, MO: Lillenas Publishing Co., 1993), #64

SEMANA 1: A PERSEGUIÇÃO HUMANA

ANOTAÇÕES E REFLEXÃO

Faça uma pausa para reflectir sobre o que leu. O que é que ouviu? Reafirme-o com as suas próprias palavras. Torne-as suas. O que está Deus a indicar-lhe neste capítulo para reflectir? O que é que Deus lhe está a dizer?

_____

_____

_____

_____

_____

_____

_____

_____

_____

_____

_____

_____

ORAÇÃO

Agradeça a Deus nas suas próprias palavras por criá-lo/a com a capacidade de receber o sopro e a vida divinos. Expresse a sua total dependência de Deus. Abrace a sua frágil e necessitada humanidade.

DEBATE

1. No final de *O que se passa com o Bob?*, o terapeuta que tanto fez para ajudar Bob, Dr. Marvin, acaba numa camisa de forças numa enfermaria psiquiátrica enquanto Bob acaba cheio de vida. O que acha que este final está a tentar dizer?

2. Como é que o nosso mundo está perfeitamente conectado para permitir uma vida inteira de busca?

3. Como é que explicaria a graça salvadora a alguém que luta com a busca humana?

4. Porque é que o dinheiro, o sexo, o poder, a atenção, o sucesso - e tudo o que buscamos - nunca são suficientes?

5. O que significa "estar em casa na nossa própria pele" e o que é que isso tem a ver com a graça salvadora?

SEMANA 1: A PERSEGUIÇÃO HUMANA

SEMANA 2

A PALAVRA TABU

No passado, a palavra "sexo" era uma palavra sussurrada. Raramente era dita em voz alta em público. Era tabu. Mas os tempos mudaram e agora essa palavra está em toda parte, de todas as formas. Sexo já não é uma palavra que não deve ser dita. Foi substituído por outra palavra que, se mencionada, é sussurrada ou falada em tons discretos. Essa palavra é *pecado*. Dizer "pecado" em voz alta e em público é como dizer "bomba" num aeroporto. As pessoas ficam muito desconfortáveis e poderá ter de passar por algum escrutínio intenso. Então não a dizemos! Em vez disso, dizemos outras palavras, como engano, erro, falha, infração, erro de julgamento, fraqueza ou deficiência. Se o pecado, como algumas doenças antigas, tivesse desaparecido da face da terra, talvez a nossa escolha de não falar sobre ele fosse boa. Mas a última vez que verifiquei, não estamos a viver no Éden e o pecado ainda está entre nós.

Em algum lugar, dentro de uma hora, um cônjuge está a adulterar, um suspeito está a fugir, um ladrão está a roubar, um político está a mentir, um atleta está a usar drogas para melhorar o seu desempenho, um estudante está a plagiar, uma companhia de seguros está a negar uma reivindicação justa, um fabricante está a poluir, um viciado está a jogar, um pregador está a abusar da confiança, uma pessoa que vai à igreja está a reter o dízimo de Deus ou um construtor está a cortar na qualidade da sua obra. Às vezes essas coisas são relatadas e às vezes são varridas para debaixo do tapete. Mas raramente alguém

Os teólogos têm mais tipos de pecado do que as manchas de um leopardo.

usa o termo "pecado" para falar sobre elas. O pecado é a nova palavra tabu.

Para ser honesto, pecado é uma palavra escorregadia. É difícil encontrar uma definição exacta. Existem cerca de vinte palavras diferentes em hebraico e grego. A gama de significados inclui iniquidade, culpa, transgressão, erro e rebelião intencionais, falhar o alvo, perverso e muitos outros conceitos bíblicos. Os teólogos têm mais tipos de pecado do que as manchas de um leopardo: pecado original, pecado individual, pecado corporativo, pecado intencional, pecado arbitrário, pecado imperdoável, pecados de omissão, pecados de comissão, pecado social, pecado doméstico, pecado mortal, pecado venial, pecados de ignorância, sete pecados mortais. Não parece haver uma escassez de pecado para o futuro previsível. Mas outro problema é que diferentes grupos religiosos chamam coisas diferentes de pecado. Temos dificuldade em concordar sobre o que está na lista e o que não está. O que pode ser pecado para um não é para outro.

O nosso mundo até organizou as suas ocupações para combater o pecado. Para os educadores, o pecado é uma questão de esclarecimento de valores, esclarecimento cultural e treino da diversidade. Para os biólogos, o pecado está ligado aos genes com os quais nascemos. Para os políticos, o pecado está nos sistemas sociais e resolvemo-los elegendo as pessoas certas e aprovando as leis certas. Para a polícia, o pecado é a escuridão que deve ser confrontada com a lei e a ordem. Para os psicólogos, o pecado é compreensível e previsível, dado o que nos foi feito, e precisamos de terapia, autoconsciência e talvez medicação. Para os líderes da justiça social, o pecado é combatido com protesto, compaixão e reformas. Para os moralistas, o pecado é resolvido se todos agirmos bem, partilharmos, praticarmos a positividade e fizermos o que a Oprah diz. Para os pregadores da televisão, o pecado é resolvido ao colocar as mãos na televisão, enviar dinheiro e reivindicar o nosso milagre. Para os publicitários, o pecado dissolve-se com a compra de um novo produto. Algumas dessas abordagens são úteis e outras não.

Então, o que é que fazemos? Encontramos um amigo no Salmo 32 que está a lutar com esta mesma pergunta:

> Bem-aventurado aquele cuja transgressão é perdoada, e cujo pecado é coberto. Bem-aventurado o homem a quem o SENHOR não imputa maldade, e em cujo espírito não há engano. Enquanto eu me calei, envelheceram os meus ossos pelo meu bramido em todo o dia. Porque de dia e de noite a tua mão pesava sobre mim; o meu humor se tornou em sequidão de estio. Confessei-te o meu pecado e a minha maldade não encobri; dizia eu: Confessarei ao SENHOR as minhas transgressões; e tu perdoaste a maldade do meu pecado. Pelo que todo aquele que é santo orará a ti, a tempo de te poder achar; até no transbordar de muitas águas, estas a ele não chegarão. Tu és o lugar em que me escondo; tu me preservas da angústia; tu me cinges de alegres cantos de livramento.
>
> (Salmo 32:1–7)

Se nunca confrontarmos a realidade do nosso pecado, não há solução para ele.

O salmista sugere que manter o nosso pecado reprimido por dentro faz com que o nosso corpo desapareça. O pecado come os nossos ossos, faz com que gememos a cada dia, é um peso pesado e parece que estamos a ser arrastados por uma inundação até à destruição certa. Assim, o salmista reconhece o seu pecado em vez de o esconder, confessando a transgressão ao Senhor. O resultado é felicidade, perdão e libertação. A palavra tabu torna-se numa confissão honesta na presença do Deus da graça salvadora. Se nunca confrontarmos a realidade do nosso pecado, não há solução para ele. Deus é o único lugar onde o nosso pecado pode ser levado e confessado com a esperança de ser restaurado. Precisamos de recuperar a linguagem do pecado se esperamos ser salvos.

Sugiro uma teologia robusta do pecado - mas falada de forma humilde. Alguns denunciam o pecado como condenação hipócrita, soando como "Oscar, o Resmungão Santificado" [Óscar da Rua Sésamo]. Por outro lado, outros pararam por completo de dizer a palavra porque deixava as pessoas desconfortáveis. David Brooks, colunista de opinião do *New York Times,* escreve:

> Em muitas épocas e lugares, a palavra pecado foi usada para declarar guerra ao prazer, mesmo aos prazeres saudáveis do sexo e do entretenimento. O pecado foi usado como pretexto para viver sem alegria e com censura. ... A palavra pecado foi abusada pelos hipócritas, por almas de coração seco que pareciam alarmadas com a possibilidade de que alguém nalgum lugar se pudesse estar a divertir. Mas, na verdade, o pecado

é uma daquelas palavras que é impossível ignorar. O pecado é uma peça necessária do nosso mobiliário mental porque nos lembra que a vida é um assunto moral. O pecado está inserido na nossa natureza e é transmitido através das gerações. Todos somos pecadores.[4]

Brooks tem razão. A palavra "pecado" é necessária quando falamos da condição humana, mas precisamos de falar do pecado com o humilde reconhecimento de que ele tem vivido nas nossas próprias casas. Mais tarde no livro, Brooks chega muito perto da compreensão wesleyana do pecado quando sugere que é uma lealdade a um amor inferior. O pecado representa a nossa capacidade de amar, centrada em nós mesmos. É auto-soberania, auto-engano e auto-governo, tudo enrolado num, trazendo devastação para nós e para os que amamos.

Barbara Brown Taylor escreve:

Já se foram os dias em que a maioria dos pregadores se podia levantar nos púlpitos e nomear os pecados das pessoas. Eles já não têm essa autoridade. O que podem fazer, creio eu, é descrever a experiência do pecado e as suas consequências tão vividamente que as pessoas possam identificar a sua presença nas suas próprias vidas, não como uma fonte crónica de culpa, nem como prova segura de que são inerentemente maus, mas como parte das suas vidas individuais e corporativas que estão a clamar por mudança. ... O pecado é a nossa

---

4. David Brooks, *The Road to Character* (New York: Random House, 2015), 53–54.

única esperança, porque o reconhecimento de que algo está errado é o primeiro passo para corrigi-lo. Não há ajuda para aqueles que não admitem a necessidade de ajuda. Não há reparo para aqueles que insistem que nada está quebrado e não há esperança de transformação para um mundo cujos habitantes aceitam que o mundo está triste, mas irreversivelmente, destruído. [5]

Talvez seja a altura certa de dizer a palavra tabu, em tons humildes, para o bem da nossa salvação. A grande notícia do Evangelho é que a graça salvadora está presente no próprio momento da confissão humana - e o nosso Deus salva!

---

5. Barbara Brown Taylor, *Speaking of Sin: The Lost Language of Salvation* (Cambridge, MA: Cowley Publications, 2000), 57–59.

ANOTAÇÕES E REFLEXÃO

Faça uma pausa para reflectir sobre o que leu. O que é que ouviu? Reafirme-o com as suas próprias palavras. Torne-as suas. O que está Deus a indicar-lhe neste capítulo para reflectir? O que é que Deus lhe está a dizer?

_____

_____

_____

_____

_____

_____

_____

_____

_____

_____

_____

_____

ORAÇÃO

Hoje, em vez de escrever a sua própria oração, passe algum tempo a reflectir na seguinte confissão do Livro de Oração Comum.

> *Deus Todo-Poderoso, para Ti todos os corações estão abertos, todos os desejos conhecidos e de Ti nenhum segredo está escondido; purifica os pensamentos dos nossos corações pela inspiração do Teu Espírito Santo, para que possamos amar-Te perfeitamente e magnificar dignamente o Teu santo nome; através de Cristo, nosso Senhor. Amém!*

DEBATE

1. Como é que define o pecado?

2. No seu círculo de amigos, o que aconteceria se perguntasse durante uma refeição normal: "o que é que pensam sobre o pecado?"

3. Porque é que começámos a evitar a palavra "pecado" na nossa cultura?

4. Acreditamos que o pecado é tanto pessoal como corporativo – presente no coração humano e nos sistemas institucionais. O que é mais fácil de identificar na nossa cultura actual?

5. Quão familiarizado/a está com a prática da confissão e com que frequência a pratica?

SEMANA 2 : A PALAVRA TABU

NOTAS

SEMANA 3

O PODER DO PERDÃO

Tornamo-nos profundamente humanos quando percebemos que somos necessitados e oramos: "o pão nosso de cada dia nos dai hoje". Tornamo-nos ainda mais humanos quando estamos dispostos a confessar que estávamos errados, que pecámos e que precisamos de perdão. Pedir perdão torna-nos humildes. Ele coloca-nos à mercê de outro que tem o poder de perdoar ou de reter o perdão. Deus deu-nos a garantia de que, se confessarmos os nossos pecados, Ele será fiel e justo para nos perdoar. A graça salvadora é a graça perdoadora.

Suponho que a Oração do Pai Nosso seria mais fácil de orar se acabasse assim: "Perdoa-nos as nossas ofensas", mas ela continua: "assim como perdoamos a quem nos tem ofendido". Isto significa que Deus não nos perdoará até que perdoemos? Isto significa que ganhamos o perdão de Deus, ao perdoar? Isto significa que temos que varrer erros horríveis para debaixo do tapete e olhar para o outro lado como se nunca tivessem acontecido, caso contrário Deus não nos perdoará? Estas interpretações erróneas do perdão causam grandes danos à justiça de Deus. O perdão não se destina a entorpecer a nossa capacidade de ficar com raiva do comportamento pecaminoso. A justiça bíblica é importante, especialmente se o reino de Deus vier entre nós.

Sendo assim, vejamos o ser perdoado/a em conexão com o perdão. Digamos que alguém realmente pecou contra si - mentiu sobre si, roubou-o/a, aproveitou-se de si, violou-o/a, traiu-o/a, feriu-o/a intencionalmente - e

A raiva liberta-nos da negação e o perdão move o relacionamento em direcção à restauração, em vez da destruição.

quaisquer outros pecados que queira adicionar. A Oração do Pai Nosso está a dizer que apenas perdoamos e esquecemos e que continuamos como se nada tivesse acontecido? Não.

Antes que possamos pensar em perdoar um agressor, um bruto ou uma besta, precisamos agradecer a Deus pela graça de estar com raiva. Precisamos de colocar os nossos braços à volta da realidade de que não é assim que Deus pretendia que fosse. Fazer o bem e agir como se não causasse danos não beneficia aquele que prejudica nem o prejudicado. E isso dificulta o tipo de pacificação que Deus procura. O primeiro passo para o perdão é reconhecer que o mal lhe foi feito e que está zangado com isso.

Encontro grande conforto na instrução de Paulo aos efésios quando ele diz: "Irai-vos e não pequeis" (4:26). Esta é toda a permissão de que preciso para ficar genuinamente incomodado com o que me foi feito. Esta é a boa raiva, a raiva que chama ao pecado aquilo que ele é, o tipo de raiva que representa a justiça bíblica e que está disposta a confrontar em vez de ignorar. Quando compreendemos isto, podemos avançar em direcção ao perdão - não terminando com a raiva, mas transformando-a para o bem da pessoa que nos prejudicou. A raiva liberta-nos da negação e o perdão move o relacionamento em direcção à restauração, em vez da destruição.

Agora deixe-me dar um passo em frente. Ao perdoar essa pessoa, não acho que desculpemos a pessoa pelo que foi feito. Não experimentamos o perdão de Deus a menos que nos arrependamos. A atitude de Deus é o perdão. É um acto consumado que flui da graça salvadora e é completado na cruz e na ressurreição de Jesus. "Se confessarmos os nossos pecados, Ele é fiel e justo para nos perdoar os pecados..." Deus já tomou a decisão de perdoar, já providenciou o perdão, já tomou a postura de perdão, já nos prometeu o perdão, mas até que confessemos o pecado e nos comprometamos a mudar (porque "arrepender-se" significa literalmente dar meia volta e ir na outra direcção), não podemos experimentar o Seu perdão. Nem a pessoa que nos prejudicou pode ser verdadeiramente perdoada até que reconheça o erro e se arrependa.

Lembro-me da primeira vez que beijei a minha esposa Denise. Aconteceu algum tempo depois de nos conhecermos. Tinha sonhado com esse beijo e esperava por ele. Até dei por mim a treinar à frente ao espelho da casa de banho. Lamechas, eu sei. São precisas duas pessoas para ter a experiência de um beijo. Uma pessoa dizer que está pronta para beijar alguém é um movimento na direcção certa. Mas se a outra pessoa não se inclinar ou concordar com o beijo, não há beijo. São necessárias duas pessoas para que a experiência seja realizada e desfrutada.

Mesmo que estejamos prontos para perdoar, o perdão não pode ser plenamente realizado até que aquele que nos fez mal se incline para o "beijo" do perdão, permitindo um relacionamento restaurado. Isto significa que devemos guardar rancor e reter o perdão da pessoa até que ela confesse? Não. Devemos perdoar - como Deus perdoa

– o que significa que tomamos nos nossos corações uma postura de disposição para perdoar. Já não mantemos um criminoso na nossa prisão mental, esperando que ele apareça no nosso tribunal de julgamento. Já não os cozinhamos no fogo da nossa ira. Já não os carregamos, tentando levá-los a admitir que estão errados ou odiando-os por não o admitirem. Em vez disso, entregamo-los a Deus para que seja feita justiça. Como Deus, estamos prontos para perdoar. A vingança e a justiça pertencem a Deus. Quando perdoamos, mesmo que seja antes da outra pessoa se arrepender sinceramente, libertamo-la para Deus para que Ele faça com ela o que achar melhor, acreditando que Deus é justo e misericordioso.

Os cristãos são chamados a viver o perdão de bom grado, da mesma forma como Deus perdoa graciosamente. Então podemos seguir em frente. Libertamos a questão e a pessoa para Deus, percebendo que, se não o fizermos, seremos prisioneiros da amargura, ressentimento e ódio. É uma coisa horrível experimentar o mal nas mãos dos outros, mas é muito pior aprisionarmo-nos por causa da nossa incapacidade de perdoar. Em Cristo, deixamos o fardo. Quando aprendemos a perdoar, é como descarregar uma mochila de cinquenta quilos depois de uma caminhada de cinquenta quilómetros.

Mas há ainda uma outra ligação entre ser perdoado por Deus e ser capaz de perdoar os outros. Seguindo a versão de Mateus da Oração do pai Nosso, até há um post scriptum sobre o perdão: "Porque, se perdoardes aos

Às vezes, a melhor forma de entender uma passagem bíblica é lendo outra.

homens as suas ofensas, também vosso Pai celestial vos perdoará a vós. Se, porém, não perdoardes aos homens as suas ofensas, também vosso Pai vos não perdoará as vossas ofensas" (Mateus 6:14-15). O que é que está a ser dito aqui? Às vezes, a melhor forma de entender uma passagem bíblica é lendo outra.

Em Mateus 18, Pedro pergunta a Jesus quantas vezes deve perdoar alguém. Ele até sugere uma resposta a Jesus que acha ser generosa: sete vezes. Uma vez que sete na Bíblia é o número perfeito, inteiro e completo, deve ser suficiente! Ele devia estar a pensar que Jesus lhe ia dar os parabéns por ser tão magnânimo. E então, bang! Jesus eleva a fasquia! Não sete vezes, mas setenta vezes sete - ou setenta e sete vezes, dependendo da tradução. De qualquer forma, ambos os números são muito maiores do que sete. Mas a verdadeira resposta à pergunta de Pedro não está no número, mas na parábola que se segue (versículos 23–35).

É assim: "Por isso, o Reino dos céus pode comparar-se a um certo rei que quis fazer contas com os seus servos; e, começando a fazer contas, foi-lhe apresentado um que lhe devia dez mil talentos". Vamos fazer uma pausa para fazer uns cálculos de matemática. Um talento naquela altura era equivalente a cerca de quinze anos de salário a tempo inteiro. Então, esse servo precisaria de trabalhar 150.000 anos e entregar todas as moedas ganhas para pagar a dívida - assumindo que não havia juros. Ao ouvir esta parábola, as pessoas iam logo entender que seria matematicamente impossível que esse homem pagasse a sua dívida. Ele devia mais do que toda a riqueza de algumas nações! Seria como se alguém hoje devesse o montante da dívida nacional dos E.U.A. (que está na casa dos biliões).

O rei anuncia a dívida do servo e este diz não ter esse dinheiro e por isso não consegue pagar. O rei responde muito friamente, sem sequer olhar para ele. O rei essencialmente ordenou que ele, a sua mulher e os seus filhos fossem vendidos com tudo o que tinham e de seguida enviados para a prisão até pagarem o que faltava, passando logo para o próximo caso. Esta acção é rápida e justa. Ele deve e não consegue pagar. A decisão do rei é justa.

Mas o homem cai de joelhos e diz ao rei: "Senhor, sê generoso para comigo, e tudo te pagarei" (v. 26). A palavra grega para o que ele está a pedir é *makrothuméson*. É traduzido como "paciência". Ele quer mais tempo, mesmo que isso não resolva nada. O rei faz três coisas inacreditáveis: tem compaixão do servo, cancela toda a sua dívida e liberta-o.

Lembre-se que esta é uma parábola que Jesus começou a contar para ilustrar uma resposta à pergunta de Pedro sobre quantas vezes Deus espera que perdoemos. Jesus diz que o reino dos céus é como o rei misericordioso na parábola que cancela uma dívida que não pode ser paga. Conhecemos este Deus perdoador cuja graça salvadora está além da nossa compreensão. Lemos sobre Ele nas Escrituras: "Misericordioso e piedoso é o SENHOR; longânimo e grande em benignidade. Não repreenderá perpetuamente, nem para sempre conservará a sua ira. Não nos tratou segundo os nossos pecados, nem nos retribuiu segundo as nossas iniquidades" (Salmos 103:8–10).

Jesus está a pintar um retrato do Pai perdoador para os Seus discípulos - mas as imagens nem sempre revelam tudo. Em cima da lareira temos um retrato de família. Somos dezasseis e estamos lá todos: quatro casais e oito netos. Foi tirada no nosso quintal. Estamos todos vestidos casualmente. Eu tinha acabado de chegar de um jogo de futebol do Tennessee Titans. Usava jeans, uma sweatshirt, meias brancas e ténis. Na foto, estava sentado de pernas cruzadas no chão. Denise, a minha esposa, não gostou da ideia das minhas meias brancas estarem a brilhar no meio da foto. Então, juntei folhas caídas e pu-las à volta dos meus pés, para esconder as meias brancas. Mas as minhas meias brancas não são as únicas coisas escondidas. Há biberões, chuchas, bonés e sacos de fraldas estrategicamente escondidos atrás das costas dos pais e cônjuges. A confusão está escondida.

É fácil olharmos para esta parábola e ver um rei que carrega a riqueza do mundo. Ele não vai ficar a perder se este servo não lhe puder pagar. Ele é como o magnata do petróleo que entra no seu grande Cadillac com chifres de boi no capô, conduz até à ponta mais distante da sua propriedade de mil hectares, aproxima-se de um agricultor inquilino em dificuldades e anuncia: "Vou dar-lhe este pequeno pedaço de terra que tem cultivado", e depois volta para o seu Cadillac e conduz em direção ao pôr do sol. Este tipo de generosidade não custaria nada ao magnata do petróleo do Texas - ou pelo menos nada que ele notasse.

Pare! Não aceite essa imagem de Deus. Sob o manto régio deste Rei da graça salvadora está uma cicatriz em forma de cruz, um lembrete oculto do custo do perdão. Não é óbvio na parábola, mas é uma parte essencial do retrato de quem Deus é. Sim, Deus é generoso porque tem muito com o que ser generoso - mas não pense nem por um segundo que a Sua misericórdia generosa não Lhe custou algo.

O rei cancela a dívida. Ele liberta o servo. Vamos seguir o servo perdoado e ver o que ele faz: "Saindo, porém, aquele servo, encontrou um dos seus conservos que lhe devia cem dinheiros" (Mateus 18:28). Nota útil: o montante devido neste versículo (cem moedas de prata, ou cem dinheiros, dependendo da tradução) é igual a cerca de dez dólares. "E, lançando mão dele, sufocava-o, dizendo: Paga-me o que me deves". Foi isto o que ele disse. "Então, o seu companheiro, prostrando-se a seus pés, rogava-lhe, dizendo: Sê generoso para comigo, e tudo te pagarei. "Ele, porém, não quis; antes, foi encerrá-lo na prisão, até que pagasse a dívida" (versículos 28–30).

Gostava de ser amigo deste servo? Ele está a viver como se ainda tivesse a dívida, e se ele tem de a pagar, todos os outros também têm. A coisa mais triste sobre a história é que ele não se comporta como se tivesse sido perdoado. Talvez ele não tenha ouvido correctamente o rei. Talvez tenha a impressão de que conseguiu o que pediu – *makrothuméson* – ou seja, mais tempo para pagar a dívida. Ele agarra o irmão pela garganta exigindo os dez dólares ou uma outra qualquer quantia perfeitamente reembolsável, dando-lhe mais tempo para a pagar. Esta dívida podia ser paga. Mas em vez da compaixão que espelha a compaixão que o rei acabou de lhe mostrar, ele oferece justiça rápida e imediata. "Vais para a prisão!"

Quando os outros servos, seus companheiros, viram o que tinha acontecido, ficaram muito tristes e foram contar ao seu senhor o sucedido. Então, o senhor chamou o servo. "Servo malvado, perdoei-te toda aquela dívida, porque me suplicaste. Não devias tu, igualmente, ter compaixão do teu companheiro, como eu também tive misericórdia de ti? E, indignado, o seu senhor o entregou aos atormentadores, até que pagasse tudo o que devia" (versículos 31–34).

A recusa em perdoar é uma tortura muito grande para os humanos suportarem. É uma prisão auto-imposta. Quando o rei perdoou a dívida, o servo afastou-se sem dever quase nada. Mas, ele ainda devia algo que só os perdoados podem pagar, algo que a Oração do Pai Nosso nos chama a fazer. O que devemos a Deus pelo nosso perdão é a semelhança ou o espelho do que nos foi dado - perdoar da mesma forma que fomos perdoados. Somos capacitados pelo Espírito de Deus para nos assemelharmos e espelharmos Deus, assumindo a postura de perdão da mesma forma que foi modelada e estendida a nós.

ANOTAÇÕES E REFLEXÃO

Faça uma pausa para reflectir sobre o que leu. O que é que ouviu? Reafirme-o com as suas próprias palavras. Torne-as suas. O que está Deus a indicar-lhe neste capítulo para reflectir? O que é que Deus lhe está a dizer?

_____

_____

_____

_____

_____

_____

_____

_____

_____

_____

_____

_____

_____

_____

ORAÇÃO

Escreva a sua oração a Deus comparando o mal que lhe foi feito com o mal que fez a Deus e aos outros. Imagine a dívida que tem para com Deus. Como é que o seu perdão para com os outros se assemelha ao perdão de Deus para si?

DEBATE

1. Como é possível estar zangado, mas não pecar contra aqueles que nos prejudicaram?

2. Como é que o seu perdão se assemelha ao perdão de Deus?

3. Qual é a relação entre o perdão e a graça salvadora?

4. Como é que a sua consciência dos pecados cometidos contra si por outros o/a ajuda a entender a forma como Deus lida com os seus pecados?

5. Porque é que o perdão da graça salvadora é uma experiência libertadora? O que acontece dentro de uma pessoa perdoada?

SEMANA 4

EXPIAÇÃO

SEMANA 4: EXPIAÇÃO

Quando pensamos na graça como dom de Deus, reconhecemos que ela vem de muitas formas. A graça preveniente é a graça de Deus que busca, que sempre esteve presente, mesmo antes de sabermos que precisávamos dela. Ela espera por nós no momento seguinte como um presente que nos abre para a graça salvadora. À medida que nos rendemos à graça preveniente, torna-se possível um relacionamento com Deus. A Bíblia usa muitas metáforas para descrever o dom da graça salvadora.

A graça salvadora é como nascer de novo, ser trazido de nenhuma vida para a vida em Cristo.

A graça salvadora é como ser libertado da escravidão do pecado.

A graça salvadora é como ser adoptado numa família.

A graça salvadora é como tornar-se cidadão de um novo regime - o reino de Deus.

A graça salvadora é como ser tornado recto pelo acto gracioso de outro.

A graça salvadora é como se nos pagassem uma dívida que não conseguiríamos pagar.

A graça salvadora é como nos reconciliarmos com alguém de quem estávamos afastados.

A graça salvadora é como fazer inversão de marcha a meio do caminho e seguir na direcção oposta.

A graça salvadora é como sermos encontrados quando estávamos perdidos e indefesos.

A graça salvadora é como voltar para casa.

A graça salvadora é como um banho de limpeza.

A expiação restaura o nosso relacionamento com Deus.

A graça salvadora é como um novo começo.

A graça salvadora é como um novo acordo de aliança que estabelece um novo relacionamento com novos termos de vida.

As metáforas poderiam continuar porque a experiência da nova vida em Cristo implora por descrições que possam capturar a maravilha e a beleza de um dom que transforma e reorganiza as nossas vidas. Um dos temas bíblicos proeminentes subjacentes à graça salvadora é a expiação. Este acto de sacrifício em nosso favor que traz perdão do pecado e reconciliação de relacionamento é uma história primária nas Escrituras. É um acto de Deus pelo qual somos trazidos para perto d'Ele, os nossos pecados são perdoados e as nossas impurezas são purificadas. A expiação restaura o nosso relacionamento com Deus.

Paulo escreve estas coisas na sua segunda carta à igreja de Corinto:

- "Porque o amor de Cristo nos constrange, julgando nós assim: "que, se um morreu por todos, logo, todos morreram. E ele morreu por todos, para que os que vivem não vivam mais para si, mas para aquele que por eles morreu e ressuscitou" (5:14–15).
- "Assim que, se alguém está em Cristo, nova criatura é: as coisas velhas já passaram; eis que tudo se fez novo" (v. 17).
- "Deus estava em Cristo reconciliando consigo o mundo, não lhes imputando os seus pecados" (v. 19).

- "Àquele que não conheceu pecado, o fez pecado por nós; para que, nele, fôssemos feitos justiça de Deus" (v. 21).

Esta linguagem está enraizada na compreensão do Antigo Testamento sobre o sacrifício. As frases neste texto do Novo Testamento são expressões daquilo que antes era feito a um animal, mas agora é realizado pela última vez na morte de Jesus:

- "Um morreu" é o que acontecia no altar do templo com animais - um animal sacrificado por muitos pecados.
- "Não lhes imputando os seus pecados" é o que ocorria no processo de sacrifícios oferecidos pelo pecado.
- "Àquele que não conheceu pecado, o fez pecado por nós" é a realidade de um animal irrepreensível a ser sacrificado em favor de humanos culpados.
- Tornar-se justo é o dom de Deus para nos restaurar ao relacionamento correcto por meio da oferta fiel de outro.
- "As coisas velhas já passaram" sinalizava a nova relação entre Deus e aqueles que ofereciam sacrifício pelos seus pecados.

Os sacrifícios do Antigo Testamento eram os meios estabelecidos por Deus para estabelecer e preservar um relacionamento pactual que respondia pelos pecados do povo. O sacrifício era como eles se arrependiam e se voltavam dos seus pecados para Deus. Foi assim que

SEMANA 4: EXPIAÇÃO

reconheceram que eram responsáveis pelos seus pecados e que arcariam com um custo, uma dívida, um ceder de algo irrepreensível que seria aceitável para Deus. Foi assim que a contaminação do relacionamento foi corrigida e a comunidade tornou-se novamente limpa. Foi assim que o relacionamento foi restaurado entre eles e os outros e também entre eles e Deus. Foi a prática da aliança que capacitou um Deus santo a estar presente no meio de um povo pecador. Embora este fosse o acto do povo através de um sacerdote, o que importava não era a acção humana em fazer o sacrifício, mas a acção de Deus em receber o sacrifício que efectuava a mudança. O sacrifício era o caminho misericordioso da graça salvadora de Deus.

O ponto alto do sistema sacrificial era o Dia da Expiação. Nesse dia, todo o pecado de Israel era expiado - intencional ou acidental, conhecido ou desconhecido. Numa só oferta, todo o pecado de todo o povo era levado diante de Deus e expiado. Todos os anos, toda a comunidade se reunia enquanto o sumo sacerdote fazia sacrifícios expiatórios por ela. À medida que os seguidores pós-ressurreição de Jesus (e não vamos esquecer que alguns deles eram seguidores judeus de Deus antes de Jesus chegar) liam o livro de Levítico, começavam a ver a crucificação de Jesus à luz do Dia da Expiação. Encontramos quatro vertentes de pensamento emergentes no Novo Testamento que estão directamente ligadas à antiga prática da expiação.

VERTENTE 1: UMA DÍVIDA

Muitos dos nossos hinos e canções tradicionais reflectem o pensamento de que Jesus pagou a nossa dívida, cobriu o nosso pecado, ofereceu o que não podíamos em troca do nosso perdão. É importante observar o que isto significa e o que não significa. Existem várias teorias da expiação por aí. Uma delas é chamada de "satisfação penal" e retrata Deus como alguém que estava com raiva e que exigia o pagamento em troca de perdão. É como um pai irritado a dizer que alguém vai levar palmadas por causa da lâmpada que foi partida e à espera que alguém dê um passo à frente. Imaginar o Pai desta forma é esquecer que aquele que oferece o sacrifício é um Deus amoroso. Deus estava em Cristo reconciliando-nos consigo mesmo. Esta não é uma imagem de um Deus que espera que O reembolsemos, mas um Deus que Se move para nos reembolsar.

Outra distinção importante na linguagem da dívida é que a expiação "cobre o nosso pecado". Esta linguagem tem sido muitas vezes mal interpretada como mascarar ou encobrir o nosso pecado de Deus. Esta linha de pensamento sugere que um Deus santo não pode olhar para o pecado sem destruir aqueles que o carregam. Alguns interpretaram o abandono do Pai do Seu Filho na cruz como Deus a virar as costas porque Jesus carregava o pecado do mundo e o Deus santo não podia suportar olhar para o pecado. O texto usado para provar esta interpretação é

SEMANA 4: EXPIAÇÃO

O amor nem sempre desvia o olhar das coisas que são difíceis de ver.

a oração do Salmo 22, que Jesus pronuncia na cruz: "Meu Deus, meu Deus, por que me desamparaste?" No entanto, existem outras formas mais úteis de interpretar esta declaração de Jesus. Será que o Pai se afasta do Filho porque Ele carrega o nosso pecado? Estive com pais nas salas de parto quando os seus bebés nasceram com desfigurações ou outros problemas de saúde e nunca vi um único pai virar a cara ao filho que ama. O amor nem sempre desvia o olhar das coisas que são difíceis de ver. E se Deus é amor, então Ele também não desvia o olhar.

Também ouvi as pessoas dizerem que Deus não vê o nosso pecado quando olha para nós porque o sangue de Jesus é como um cobertor que esconde o nosso pecado dos olhos de um Deus santo. Temos canções sobre o pecado que falam sobre ser "coberto pelo sangue". Embora "esconder-se da vista de todos" seja um significado da palavra "cobrir", não é um significado bíblico em relação ao pecado. Deus vê o nosso pecado. Deus não está a tentar esconder o nosso pecado da Sua vista, mas para nos purificar dele. A ideia do sangue a cobrir o nosso pecado é como se alguém fosse ao banco em nosso nome e pagasse a nossa casa. Não é esconder, mas cobrir em nome de. Esta distinção é importante porque devemos entender o que acontece depois de sermos salvos. Não somos salvos para continuar a ser pecadores cujos pecados estão ocultos de Deus. Somos salvos para sermos libertos do fardo e do poder do pecado. Não é uma restauração imaginada, mas real.

VERTENTE 2: LIMPEZA

Somos lavados no sangue, purificados da impureza, tornados puros. Nos rituais de expiação do Antigo Testamento, a aspersão de sangue em certos lugares do templo era considerada um acto de purificação. Quando lemos a carta aos Hebreus no Novo Testamento, fica claro que o sangue como purificação e limpeza é a forma principal de como o escritor entende a expiação. Jesus é o melhor sacrifício, o sacrifício de uma vez para sempre, cujo sangue realiza o que os repetidos sacrifícios de animais do sistema do Antigo Testamento nunca poderiam realizar completa e finalmente - a purificação definitiva do pecado para sempre. Como diz o velho hino: "O que pode lavar o meu pecado? Nada além do sangue de Jesus!"

A graça salvadora é o acto amoroso de Deus pelo qual a nossa sujidade e contaminação pecaminosas são lavadas, deixando-nos puros e limpos na presença de Deus. É por isso que o baptismo é visto como uma lavagem que nos conduz a uma nova vida.

VERTENTE 3: ARREPENDIMENTO

A palavra "arrependimento" significa parar de ir na direcção em que está a ir e intencionalmente virar para a direcção oposta. Como pecadores soberanos, traçamos o nosso próprio caminho andando de forma rebelde diante de Deus. No acto do sacrifício, torna-se claro que o nosso caminho é o caminho da morte. Aceitamos a responsabilidade por isto e voltamo-nos para Deus. A graça preveniente capacita-nos a fazer isso.

VERTENTE 4: ALIANÇA

A aliança é sobre o relacionamento que Deus deseja ter connosco. A expiação é uma linguagem relacional. Os sacrifícios não são sobre acordos comerciais ou transacções legais. São sobre a restauração do relacionamento quebrado. A graça salvadora não é uma coisa que recebemos. É a obra de um Deus que nos ama. Deus faz um caminho para nós vivermos num relacionamento com o nosso Criador, uns com os outros, connosco e dentro do mundo criado. A expiação torna possível o relacionamento correcto e, quando a experimentamos, vivemos em paz como fiéis e obedientes parceiros da aliança.

SEMANA 4: EXPIAÇÃO

ANOTAÇÕES E REFLEXÃO

Faça uma pausa para reflectir sobre o que leu. O que é que ouviu? Reafirme-o com as suas próprias palavras. Torne-as suas. O que está Deus a indicar-lhe neste capítulo para reflectir? O que é que Deus lhe está a dizer?

_____
_____
_____
_____
_____
_____
_____
_____
_____
_____
_____
_____
_____
_____

ORAÇÃO

Agradeça a Deus pela graça salvadora na linguagem do sacrifício. Que dívida é que Deus cobriu por si? Que contaminação é que Deus purificou da sua vida? Como é que a sua vida mudou num acto de arrependimento? O que significa para si o seu relacionamento (ou aliança) com Deus?

SEMANA 4: EXPIAÇÃO

DEBATE

1. Leia Hebreus 9:13–14. Como é que a linguagem sacrificial é aqui usada?

2. Se lhe perguntassem: "Porque é que foi necessário que Jesus morresse?", como responderia?

3. A explicação deste capítulo sobre o sangue que cobre o nosso pecado muda a forma como pensa sobre a expiação?

4. Como é que resumiria o que acredita sobre a graça salvadora? O que é que aprendeu? O que é que celebra?

www.ingramcontent.com/pod-product-compliance
Lightning Source LLC
Chambersburg PA
CBHW060541080526
44586CB00012B/818